Pare Ombeline, la jolie licorne,
de fleurs de toutes les couleurs.

Ajoute des étoiles
scintillantes !

Coiffe la crinière de Céleste,
la licorne, et embellis-la de bijoux.

Orne l'élégante Saphira
de perles et de bijoux !

Décore les ailes de Rainbow,
la jolie licorne !

Crée un univers fleuri.

Invente une nuit magique !

Embellis la jolie robe de Luna
avec les stickers.

Mélusine,
reine des licornes.

Danse
sous les flocons !

Place de jolis cadeaux
au pied du sapin.

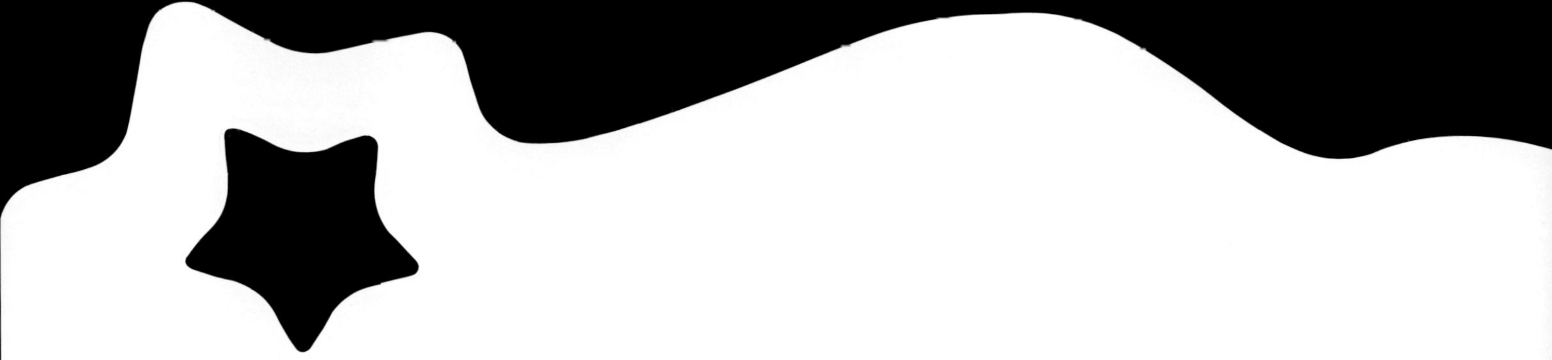